002

PRE·TEXTOS ◎ kutchak

MASSIMO CACCIARI nasceu em Veneza em 1944, é professor emérito da Faculdade de Filosofia da Universidade San Rafaelle de Milão. É autor de numerosos ensaios filosóficos; entre os que mais marcaram a disciplina estão *Krisis*, Feltrinelli, Milão, 1976; *Dallo Steinhof*, Adelphi, Milão, 1980; *Drama y duelo*, Tecnos, Madri, 1989; *Drân. Méridiens de la décision dans la pensée contemporaine*, L'Eclat, Paris, 1992; *Dell'Inizio*, Adelphi, Milão, 1990; *L'Arcipelago*, Adelphi, Milão, 1997.

MASSIMO CACCIARI

Três Ícones

TRADUÇÃO **Denise Bottmann** | **Federico Carotti**
PREPARAÇÃO **Maria Fernanda Alvares**
REVISÃO **Daniela Lima**

Sumário

11 | TRÊS ÍCONES

13 | Prefácio
15 | A Trindade de Rublev
40 | O Ressurreto de Sansepolcro
55 | O Retrato dos Arnolfini

TRÊS ÍCONES

PREFÁCIO

Reúno aqui três breves textos sobre obras pictóricas que considero 'extremas', isto é, obras que apresentam *en-ergés*, em sua finalidade, em ato, um *pensamento* pictórico específico.

Certamente outras obras também alcançam, a meu ver, uma simbolicidade similar entre a forma, a técnica da expressão artística e o sentido último de uma 'visão do mundo', mas são essas três que têm me acompanhado desde sempre, por assim dizer, e foi sobre o pano de fundo delas que ocorreram os outros 'encontros' decisivos para mim, de Vermeer a Mondrian e Malévitch.

O primeiro texto, sobre a *Trindade* de Andrei Rublev, hoje no Tretyakov de Moscou, é uma reelaboração completa de meu *Dell'Inizio* (Adelphi, Milão, 1990; nova edição, 2001). Fiz inúmeras intervenções sobre o problema teológico-filosófico do ícone, sempre 'guiado' por Florenski, a mais recente em *Della cosa ultima* (Adelphi, Milão, 2004).

O segundo texto, sobre o afresco de Piero della Francesca em Sansepolcro, é a versão revista de uma conferência que apresentei em Sansepolcro para a inauguração do novo Museo Civico, em 1998, depois publicada em «Etruria Oggi» (49, 1998). Esse 'ícone' foi tratado na conclusão de meu *L'Arcipelago* (Adelphi, Milão, 1997).

O terceiro texto, por fim, saiu no volume em homenagem a Lionello Puppi, *Lezioni di metodo* (Terra Ferma, Vicenza, 2002).

Dedico este pequeno trabalho à memória de meu amigo, o grande pintor veneziano Emilio Vedova.

A TRINDADE DE RUBLEV

Chega-se a pensar que não pode existir nenhuma outra imagem da Trindade, que não pode haver nenhum outro signo da relação indissociável entre os totalmente diferenciados, que não se pode formar nenhuma outra 'ideia' da *teleía agápe* entre as Pessoas, a não ser o ícone pintado por Rublev para ser a imagem padroeira da catedral do mosteiro da Trindade, fundado por são Sérgio de Radonej nos bosques da província de Moscou, em Zagorsk.

Visitando o lugar dois séculos e meio depois, o arcediago do patriarca de Antióquia, Paulo de Alepo, dirá que não existe outro mais belo no mundo. E entende-se, pois são Sérgio quis para lá transplantar e reavivar a chama da *philokalía* de Bizâncio e por meio dele expressar, tanto quanto possível, a *enérgeia* com que o Pai chama a si as criaturas e fazendo-as participantes de sua Vida. Foi Florenski (*La mistica e l'anima russa*, a cargo de N. Valentini e L. Zak, San Paolo Edizioni, Milão, 2006, pp. 133-56) quem encontrou as palavras mais inspiradas para descrevê-lo: assim como são Sérgio é 'o olhar do rosto' da Rus, seu anjo protetor, da mesma forma a *lavra* da Trindade é «o centro numênico» da Rus, «única herdeira legítima de Bizâncio», sua Casa vivificante, para a qual se 'dirigem' todos os seus peregrinos. E são os ensinamentos de são Sérgio, acesos ao «fogo sagrado» de Bizâncio, alimentados pelas doutrinas palamitas e hesicastas, que Andrei Rublev 'encarna' no ícone.

Pavel Florenski tem razão: Andrei não é «livre para criar»; ele *deve* materializar aquela visão da Trindade que são Sérgio – conforme rezam as hagiografias – tivera desde o ventre materno e transmitira aos discípulos. Era a visão da Paz que somente Ele pode conceder, da Comunidade de Pai e Filho, a que Pai e Filho destinam os filhos, herdeiros, sim, mas ainda *népioi*, infantes, como tragicamente mostravam as vicissitudes da época. Entre as discórdias e as lutas intestinas, entre guerras e invasões, abre-se aos «olhos do espírito» a visão da Paz «infinita, imperturbável, inviolável», a «Paz do alto». «Ao reino da hostilidade e do ódio nesta terra contrapõe-se o amor recíproco que brota do eterno consenso, no eterno colóquio silencioso, na eterna unidade das esferas celestes». O ícone é chamado a 'abrir os olhos', a retirar o véu que o recobre e impede ver a Paz prometida, e a despertar o desejo, o eros por sua luz. Mas, quanto mais sobre-humana se afigura a serenidade dos Três em seu colóquio sem palavras e mais superessencial o tom de suas cores, tanto mais necessário é perceber ao fundo o tumulto, as dilacerações e os sofrimentos da terra de onde nasce a obra. É um hino que se desprende com toda a pureza daquele fundo de angústia, expressão de um *salto*, de maneira alguma 'dialetizável' com a experiência mundana, salto que, pela graça que lhe é concedida, o neto espiritual de são Sérgio poderá dar. Imagem que nada pode arranhar, feita de duro cristal, que com luminosa sobriedade se dirige ao mal do mundo e lhe invoca a conversão, a *metánoia* – simplesmente se mostrando, simplesmente com a energia de sua própria *epipháneia*: tal é o ícone de Rublev. Não se opõe ao mal com a força, nem com pregações vazias, mas, dando seu próprio ser *kalón*, integra em sua bondade, deixando que apareça a

Alegria que o assim ser juntos, o assim ser Uno por livre relação de amor, fielmente promete.

O próprio são Sérgio, aliás, ensinava a lutar contra qualquer apatia melancólica, contra qualquer desânimo ou temor. Assim como Antônio, na antiga Tebaida, habitava o deserto para expulsar os demônios noturnos, lêmures e fantasmas, para 'dessacralizar' seus limites. É com olhar claro, límpido, não velado pelas lágrimas, que os 'amigos' devem se voltar para o mistério, tornar-se seus *theoroí*. Deve ser uma *logikè latreía*, pois o centro de seu culto é o Logos. Mas o Logos é Palavra eficaz; é o agir, o Verbum do Pai, não apenas seu Nome. Não só a 'forma' do Pai, mas seu advento real, seu fazer-se Palavra-Verbo. Por isso, a *theoría* dos 'amigos', dada a ver pelo ícone, não se resume a pura contemplação: é *theoría* do ser-Verbo, Ação, de Deus, e requer um culto que é «praticar a Verdade» (*João*, 3, 21).

A *logikè latreía* se realiza na *logikè thysía*, no sacrifício do Logos: o centro evidente da composição, em torno do qual gira o Grande Círculo que abraça a Trindade das Pessoas, é, de fato, o cálice eucarístico que contém a cabeça do cordeiro, *amnós*, mesmo nome do Servo e do Filho, do *País* que é o Filho, *Hyiós*. O lugar do cordeiro da libertação do Egito é ocupado pelo Verbum de Deus. Mas, note-se, as duas figuras angélicas nos lados também formam um cálice. O Círculo da *ousía* comum, que se mantém invisível, que podemos conceber *sola mente*, ou melhor, que está além de toda e qualquer capacidade de pensamento, contém em si o cálice da *logiké thysía* que Pai e Espírito operam e à qual o Filho *sponte* obedece.

Todas as figuras 'consentem' com o âmbito – *ambitus omnium* – que as comunga, mas cada qual segundo sua própria natureza. Cada qual totalmente diferenciada. E diferenciadas são todas as presenças do ícone: os assentos, o altar, os elementos de fundo, as próprias dobras das roupas têm identidades e geometrias próprias, ritmos bem definidos em relação à aionicidade puramente espiritual do Círculo, *ápeiron periéchon*, envolvimento infinito, que os abarca. Assim faz-se visível aquela Harmonia entre Cronos e Aion, própria do neoplatonismo, e essencial para compreender os fundamentos teológicos da arte do ícone. Ao Eterno 'em si' de Deus, 'antes' de qualquer tempo e de qualquer criação, corresponde a sequência do ato de fé. E é segundo seu ritmo que a cena se articula. O primeiro Anjo, à esquerda do observador, é o Pai; no meio do símbolo trinitário senta-se o Filho: à nossa direita, o Espírito. O Filho, portanto, está à esquerda do Pai! 'Inversão' que torna imediatamente visível a não 'espacialidade' das Pessoas; na esfera de sua relação, de sua *Relatio* superessencial, as coordenadas espaciais não possuem nenhum valor e o ícone é chamado a revelar continuamente o mero convencionalismo delas. Filho e Espírito deixam evidente a identidade do Pai ao inclinarem a cabeça para Seu lado. «E o Logos era *prós tôn théon*» (*João*, 1, 1): não só *apud*, mas também 'para', virado-a. O Logos não está apenas ao lado do Pai, mas se move *a partir* d'Ele, enviado *por* Ele, *através* d'Ele, e nesse próprio movimento avança *para* Ele. Nunca houve tradução do primeiro versículo de João mais fiel do que esta de Rublev!

O gesto do Filho e do Espírito é acompanhado pelo da Árvore e do Rochedo. Mesmo o Carvalho de

Mamre, junto ao qual os Três apareceram a Abraão, inclina-se para o Primeiro em ato de fé; mas ao mesmo tempo, 'encimando' o Filho, significa que é ele o verdadeiro fruto da Árvore da Vida, que é ele a Vida. Sobre o Terceiro, enfim, está o Rochedo de todas as revelações, o lugar onde Deus comunica, e é o Espírito 'aquilo' que põe em comum, que unifica. Árvore e Rochedo se inclinam, enquanto se mantém totalmente *estável*, erguida 'a prumo', a Igreja-Tabernáculo que se funda sobre o Pai, Casa da Comunidade perfeita, *Civitas Dei*. Da mesma maneira, os cajados de pastor que os Três trazem na esquerda vão-se aproximando gradualmente da verticalidade do cajado do Pai.

A cena é isenta de qualquer simetria abstrata; demonstração viva da independência do ícone em relação a qualquer cânone estético, de sua íntima adesão à ideia neoplatônica do Belo. É igualmente isenta de qualquer tridimensionalidade perspectiva, de qualquer ilusionismo perspectivo. O Anjo no meio está situado no terceiro plano em relação às figuras laterais, mas ao mesmo tempo sua posição frontal e seus valores cromáticos o fazem 'avançar' tanto que se tem a impressão de que toda a composição é convexa.

Sobre a toalha branca do altar a dança das mãos explica silenciosamente o significado da conversa sagrada. O Pai abençoando envia. O Filho acolhe e consagra, insistindo em seu gesto sobre o cálice do sacrifício. Para ali enviou-o o Pai; ali ele entregou sua vida. Por fim, a direita do Espírito traça uma figura extraordinária: um recôncavo, um peito suavemente encovado, um hieróglifo de paz, um lugar de perene serenidade. Aqui não se esquece nada do *drâma* entre Pai e Filho; tudo o Espírito lembra (*João*, 14, 26), mas, lembrando, dá a Paz verdadeira, «não como o mundo a dá» (14, 27). Em seu gesto, o Espírito acolhe todo *drâma* e é o Consolador.

A perfeita obediência, que é um recíproco doar-se, nem por isso anula de forma alguma a presença do sacrifício; tampouco a unidade da essência, que aparece em toda a sua 'risonha' Luz, anula a plena diferenciação entre as Pessoas. O olhar e os gestos das figuras narram com a essencial clareza do símbolo o *drâma* que a Vida tece; mas o que vem expresso de maneira insuperável é a *impossível* medida de livre consenso, com a qual o acolhem e o cumprem, o tom sem hesitação de seu Sim e Amém. Nenhuma necessidade e, ao mesmo tempo, nenhuma dúvida afeta a fidelidade imutável que transfigura os Três em Deus-Trinitas.

A luz do ícone é símbolo primeiro da efusão gratuita do Bem, *effusivum sui.* Nenhum obstáculo pode deter, nenhuma obscuridade pode dispersar tal irradiação. Razão teológica essencial da recusa da representação em perspectiva: a Luz, em sua efusão criadora, não pode obedecer senão à sua própria força e jamais se disporia segundo a 'necessidade' das 'naturezas' que encontra. Ela produz as formas, não se limita simplesmente a iluminá-las. E quanto mais 'desce' a elas, mais intenso se faz o brilho: sacrifício que eleva e que é Dádiva.

A diferenciação das figuras, na indissociabilidade de sua luz e de seu *drâma*, completa-se por fim nos tons cromáticos próprios de cada uma. De ouro é a figura dominante do Primeiro, que o envolve por completo.

Casa às costas, à qual o Filho é chamado a nos conduzir. Apenas uma nesga da roupa de baixo retoma o azul do manto do Filho, o azul do céu que recobre e protege o mundo do homem. Mas com o ouro do Pai acende-se o amor do Filho: o vermelho de sua roupa, fogo que arde sem se consumir jamais, que queima o corruptível e tempera a pureza da alma. É a cor que domina em outro ícone do Filho-Anjo (do Filho com as asas), o do Cristo-Sofia, cujo protótipo russo é o ícone padroeiro da Santa Sofia de Novgorod (século XI): aqui, o Logos é todo ele «seráfico ardor», sarça ardente. A roupa da figura do Espírito, mais curvada do que a do Filho, figura da *humilitas*, cuja essência consiste no 'deixar-ser' a relação de amor, *philia* e *agápe*, entre os Dois, tem a cor do manto do Filho, mas por cima cobre-se com o verde da criação, a cor das águas sobre as quais adejava nas origens.

Mas essas refinadas simbologias perdem todo valor se não se ouve a música inaudita do conjunto, a sinfonia cromática a que os Três dão vida. Ressonâncias de azul e prata se entrelaçam, vibram nas dobras das roupas, entre Casa, Carvalho e Rochedo. O azul intenso, de céu de montanha, que se acende no manto do Filho e cria uma *concordia discors* com o vermelho maduro, quente, profundo de sua túnica, para indicar suas duas naturezas, aspira ao Ouro do Pai e, ao mesmo tempo, acompanha o humilde verde do Espírito. Tudo na unidade do Círculo da *ousía* e do ouro das asas.

Todavia, a mensagem é clara: no centro do Divino pulsa o coração do Filho, que é perfeita humanidade e energia contemplativa (a cor do céu, uma vez mais), que é humanidade e amor mais do que angélico. E é realmente em torno de seu coração que o Divino aqui aparece recolhido, em meditação silenciosa. Nostalgia e espera também compõem o *pathos*. Pois esse Deus é *patibilis* – e por ora, como Andrei, o santo pintor de ícones, conseguiu *ver* com tal profundidade na imagem dos hóspedes de Abraão, o Unum ainda não se completou: «ut Unum sint» ainda não se realizou. As Pessoas do Deus-Trinitas são o Uno, mas a humanidade a que amam não é Una com elas. Nem Unas com o Filho são as criaturas que o Pai lhe confiou. A espera que se pode discernir nos olhares dos três Anjos é a esperança de tal realização. Assim também, no aceno de separação, que se lê na mão do Pai que abençoa e envia, ainda vibra a nostalgia do Início inefável. Os polos de toda Vida concebível – do Imemorial Início ao eterno Futuro –, isto é, *a* Vida, este ícone revela como por graça.

Existem obras que parecem insuperáveis em seu gênero, mas nenhuma com evidência maior do que a *Trindade* de Rublev. Aqui tudo é símbolo, mas sem nada abstrair da mais intensa emoção estética. O ícone realiza aqui a ideia de *theía aísthesis*, de um divino *percipere*. Tudo é ideia, mas no sentido do *ideín*, da plenitude do ver. Tudo é *noeín* em sua ligação originária, realmente 'etimológica', com o próprio *ideín*. Andrei não poderia ter assinado sua obra-prima com as mesmas palavras de Johannes de Eyck para o *Retrato dos Arnolfini*: «eu estive aqui»? Mas nenhum outro poderá ser como ele; é impossível avançar mais no caminho da expressão da presença da Realidade metafísica. Na auréola de sua *Communitas*, as profundezas do espírito («tà báthe toû theoû», *I Cor*, 2, 10) se oferecem, 'divinizando-a', à nossa visão e acolhem como símbolo nossa humanidade, sem que nenhum vestígio de peso terreno lhe contamine a *epipháneia*. Não se trata, certamente, do pensamento-de-pensamento que espelha a si mesmo, que traz para si nosso eros, permanecendo imóvel, mas sim da *dýnamis* intradivina, que se dirige a nós para que nos possamos dirigir a ela, como vemos o Filho fazer: «pròs tôn théon». Mas o 'milagre' consiste em que esse dirigir-se do Divino, em si e para nós, aqui se manifesta em perfeita serenidade, como se desde sempre e para sempre resolvido, aionicamente contemplado. Essa é a Vida divina que é tudo em todos; cada história, cada evento 'julgado' nela, desde sempre abrangido em seu *pléroma*.

Mas o que é necessário 'eliminar' para chegar a tão perfeita presença do símbolo? O *evento* – o rosto na dimensão do *hic et nunc*, o fato tal como é captado em seu devir, como *momentum*. Sim, no cálice, que é o centro do Círculo divino, encontra-se o corpo do

Crucificado, mas ali não pode estar seu rosto no momento da última hora, do *grande grito*. Ali está a *forma* do Filho, 'para' Deus e Deus «en arché», desde o Início, encarnado-e-ressuscitado, crucificado-e-vencedor do último inimigo. Milagrosa presença da forma, repetimos – mas a presença do evento é 'eliminada'. Plotino o dissera: o artista que queira tornar visível o Invisível deverá 'eliminar tudo', ou melhor, ao fogo da Sofia purificar sua visão de todas as contingências, de todas as paixões.

Mas pode a paixão da Cruz ser considerada *momentum*? E pode o rosto do Filho 'eliminar' todos os sinais de sua paixão? A encarnação, em todos os seus momentos, mantém-se essencial à essência da Vida divina ou se transfigura resolvendo-se em Luz tabórica? Todavia, o ícone celebra a ceia eucarística e, portanto, a renovação autêntica daquele sacrifício. Mas pode tal sacrifício se renovar realmente sem os sinais da real paixão? Rublev certamente sabia que ali, no centro do altar, está a Cruz; mas 'sabia', apenas. Não vê o grito do abandono; não vê a natureza toda a gemer com Ele até o fim dos dias. O Ocidente 'persegue' seu próprio olhar na tragédia da história que prossegue, do 'tempo que resta' – mas pouco 'conhece' a Paz escatológica da acolhida e do colóquio no espírito. A primeira via leva a uma simbolicidade sempre mais abstrata, formal e, por fim, morta; a segunda, ao completo esquecimento do sentido dessa Paz e da potência de seu apelo. Para ficarmos nessa mesma época, tal contraste metafísico já se manifesta, inexorável, entre a *Trindade* de Rublev e a de Masaccio. Paradoxal *coincidentia oppositorum*, relação-*pólemos* entre Ocidente e Oriente europeu, entre Europa e Rus herdeira de Bizâncio!

Nem o olhar ocidental conseguiria 'eliminar' da cena da visita dos Três a presença de Abraão e Sara, de Abraão que lhes corre ao encontro, arruma a mesa, prepara o vitelo tenro e saboroso; de Sara que ri à notícia de que, já velha e emurchecida, dali a um ano terá um filho. Sob a árvore de Mamre, no ícone, está apenas o Fruto verdadeiro; da *incredulitas* de Sara nada restou; o espaço do ícone é o da pura fé. A hospitalidade de

Abraão aqui se torna ideia; diríamos, o 'fenômeno' de sua hospitalidade é um fato preservado para sempre na ideia da acolhida recíproca perfeita entre as Pessoas. Portanto, aí encontra lugar – não como evento, e sim *sub specie aeternitatis*. A mera presença de Abraão e Sara, de sua tenda, de seus pães, um mero eco de seu diálogo com os Mensageiros divinos ameaçariam arruinar o encanto da visão. Porém o que corre o risco de se perder aqui não é simplesmente a dimensão histórica da encarnação, mas uma *facies* essencial do Deus-Trinitas, que o próprio episódio de *Gênesis*, 18, 1 ss. simbolizava para os Pais. Através dos Três, Deus se manifesta como estrangeiro: *théos xénos*. A hospitalidade de Abraão é sinal de sua pronta acolhida e de seu reconhecimento desse rosto do Divino. E o episódio do Filho cumprirá a revelação. Deus se apresenta à casa de Abraão 'como' três homens a pé, três peregrinos, que precisam de água, pão e descanso para poder prosseguir a caminhada. E o servo de Deus, Abraão, corre-lhes ao encontro, não espera que peçam e manda preparar a mesa imediatamente. Por isso, por terem dado, Abraão e Sara são 'curados' de sua esterilidade; somente quem dá ao estranho pode dar vida. Imenso símbolo, perfeitamente abrangido na Trindade de são Rublev – pois toda acolhida, toda hospitalidade está desde sempre e para sempre abrangida no recíproco doar-se das Pessoas. Mas aqui onde está o rosto do Estrangeiro? Onde está o drama do reconhecimento do Estrangeiro? Os Três da Communitas do ícone se reconhecem eternamente. Mas o ato fundamental é o reconhecimento de Abraão; é ele que é chamado a ver no peregrino estrangeiro a presença real de Deus. Ver no estrangeiro o Theos, e no Theos o *xénos* – esse é o verdadeiro paradoxo, do qual o grande ícone se mantém metafisicamente distante. Nele, existe sempre o conhecimento recíproco, a diferença desde sempre é também Communitas, o risco da estranheza e da inimizade, inelimínável na experiência do encontro com o outro, está desde sempre superado.

Essa imagem certamente vem do céu, pão superessencial – mas cotidiano também? Sim, é da terra que se eleva a prece representada no ícone: «ut unum sint», mas é uma prece que chegou ao ponto extremo da *logiké latreía* e da *logiké thysía*, onde ela se torna pura prece do coração, ritmo, número áureo, 'ideia' da visão que apenas o corpo ressurreto e glorificado poderá provar, *sapere*. Em suma, aqui o rosto do Crucificado é o do Anjo, do Anjo superior a toda ordem e hierarquia, do Anjo que diz: «Vinde, comei de meu pão, bebei do vinho que preparei. Abandonai a estultice e vivereis, andai pelo caminho do entendimento [que os Setenta traduzem por *phronésis*] » (*Provérbios*, 9, 5-6). Mas Jesus não é Anjo, tem natureza humana e divina, mas não angélica; não foram as asas que o levaram ao Pai, nem a *phronésis* dos sábios.

E no entanto o santo pintor de ícones, assim como 'vê' o Logos de João voltado 'para' Deus desde sempre, e no próprio Início o cordeiro sacrificado, reconhece também o rosto 'real' do Salvador com uma potência talvez jamais alcançada pela arte ocidental.

O olhar do ícone do Salvador em Tretjakov se volta para nós claro, aberto, direto, como um chamado irrevogável. Fala-nos com cristalina pureza, *en parresía*.

Seus olhos têm uma transparência abissal: deixam-se penetrar e nos penetram até um 'fundo' insondável («Deus itaque nescit se, quid est... », dizia o grande Scotus Erígena), lá onde inclinamo-nos diante de Sua mais íntima afinidade conosco. É a majestade do filho do Homem, sua vida sacra, no sentido de *hierós*, sacro não como separado, mas como origem, um brotar originário, vivificante. E é a imagem do verdadeiro herdeiro, encarnação do 'espírito filial'.

Este rosto *é*, na plenitude de sua força. Seu ascetismo não o dobrou. Sua energia não pode provir de nenhuma coerção. Apesar disso, nem sequer um sopro de arrogância emana dessa imagem. Não podemos olhar seu pescoço possante sem pensar no jugo que veio livremente a aceitar. E seu olhar é, sim, direto e seguro, atinge quem o encontra 'de-cidindo-o' a partir de toda a sua vida passada, mas ao mesmo tempo é prece, confiante espera na liberdade dos filhos aos quais se dirige, paciência com a miséria deles, mansuetude. Nenhuma imagem do Cristo jamais expressou com tanta plenitude que ele não veio para julgar.

1 | Andrei Rublev, *A trinidade*, Galeria Tretyakov, Moscou.

2 | Andrei Rublev, *Salvador*, Galeria Tretyakov, Moscou.

Eis o que diz o ícone: «Tomai a vós meu jugo e aprendei comigo, que sou manso e humilde de coração [*tapeinós* remete à ideia da *kénosis*, ao 'esvaziar-se' da plenitude do Logos-Theo na encarnação e na morte], e encontrareis paz [*anápausin, requiem*] para vossas almas. Meu jugo de fato é bom [*chrestós* não vem traduzido 'melosamente', como se faz desde a Vulgata; *chrestós* – de *chráomai, utor*, de onde *chrêma*, o bem, a posse – é o que faz bem, dá bons frutos], meu fardo é leve » (*Mateus*, 11, 29-30). Mas, no instante em que assim fala, Ele também exprime todo o peso daquele fardo e daquele jugo. São leves não em si mesmos, mas enquanto salvam. O rosto do Salvador nos pede que lhe respondamos como ele respondeu ao Pai, mas não nos oculta de maneira nenhuma a paixão que sofreu por causa disso – nem a tenacidade necessária para suportá-la. Aquela força que no ícone da Trindade estava simbolizada no grande braço direito do Anjo no centro, possante porque 'bom' para nos erguer, aqui é a força da própria paixão. Lá é o verdadeiro Nome e o Ato do Logos, aqui é seu fazer e seu drama.

É com o rosto do Salvador de Rublev em Tretjakov que Ele deve ter aparecido aos discípulos após a ressurreição, todo ele memória de sua Cruz. Ou com o rosto imaginado por Piero em Sansepolcro? Há neste último a mesma força e liberdade do filho do Homem, a mesma *parresía* no olhar, talvez também uma análoga paciência. Mas no italiano não encontraremos a mansuetude misericordiosa e a transparência abissal do olhar do Salvador russo. Um amargo desencanto já paira no rosto do Ressurreto, detendo sua luz no terrestre claro-escuro das formas, metafisicamente distante do ouro do ícone. Do 'milagre' por meio do qual o mais candente amor podia dar serenidade, como ocorre no ícone da Trindade, e a potência do braço que levanta e do pescoço que aceita harmonizar-se à mansuetude que nada impõe, que nada julga, que apenas dá – de tal 'milagre' o Rosto pintado por Piero parece já esquecido ou sobre ele medita já sem esperança.

3 | Piero della Francesca, *Ressurreição de Cristo*, Museo Civico, San Sepolcro.

4 | Johannes de Eyck, *Retrato dos Arnolfini*, The National Gallery, Londres.

O RESSURRETO DE SANSEPOLCRO

No auge de sua maturidade intelectual e artística, por volta dos anos em que conclui o ciclo de Arezzo, Piero, com esse texto fundamental, rende a homenagem mais elevada e dramática a seu Borgo, ou melhor, ao símbolo mesmo de sua cidade, o Santo Sepulcro.

Imagem de vitória sobre a morte? Franca expressão de alegria por tal vitória (R. Lightbown)? Creio que ninguém capaz de enxergar, mesmo antes de entender, possa não concordar, diante dessa imagem, com as palavras de um grande poeta, Yves Bonnefoy: «Basta um olhar a este afresco para sentir todo o desconforto...». Mas estamos nos precipitando; precisamos 'tirar os sapatos' e nos aproximar com método e paciência de tal 'revelação'.

Procuremos acompanhar, antes de mais nada, a extraordinária 'ordem' dessa composição, por mais vezes que tenha sido analisada e interpretada. Toda ela se destina, em sua simplicidade, a exaltar a figura do Ressurreto. A perspectiva de baixo para cima (a qual, na obra que deveria ser lida *junto* com a *Ressurreição* de Sansepolcro, a *Trindade* de Masaccio, tem em seu centro o Crucifixo: a figura do Logos, coração da vida intradivina, é figura de morte!) se articula duplamente, para enfatizar a separação entre Cristo e o 'mundo cá de baixo'. O espaço dos soldados está encerrado entre as linhas que convergem para a mão de Cristo segurando o manto; Cristo se ergue sobre 'o eixo inabalável' de sua própria figura, que se reflete irrevogavelmente no mastro do estandarte e encontra seu 'ponto' ali onde se dividem os cabelos, no alto da fronte. A fileira das árvores à sua esquerda e os dois robustos troncos à direita (aquelas reflorindo, reverdecendo? estes desolados?) enquadram-no poderosamente. É verdade – nada nesta paisagem se afigura como sinal de morte. Nem, certamente, nada que aluda a ressurreições triunfais e sequer primaveris. É uma terra dura, terra áspera, terra de trabalho, de cansaço, de sofrimento. Nenhum "jardim", nenhuma flor delicada, nenhum traço de 'paraíso'. Paisagem absolutamente *terrena* – mas que permite, sim, que o homem lance sólidas raízes nela. É uma terra que permite ao homem um *correto estar*, sobre o qual o homem pode *in-sistir*. E tal *insistir* é tema não só desta pintura de Piero, mas de toda a sua obra. O filho do Homem *está*, ereto, bem firmado, tronco irremovível, *correto* em todas as fibras do corpo, *construído* em proporções perfeitas e números áureos. Nenhuma desordem pode corresponder a seu ícone – pois seu Nome é, justamente, Logos, isto é, proporção e relação, perfeição no dizer, comunicação inequívoca. O Filho é Verbum, é Logos, e por isso é proferido com simplicidade e firmeza, com tectônica sobriedade, sem *fumus* retórico. Mais que tudo, o Logos *detesta* qualquer ornamento, qualquer emocionalismo, qualquer jogo alegórico, qualquer divagação e distração.

É essa a obra-prima pictórica de toda aquela corrente do Humanismo italiano que definirei como 'trágica', que tem seus máximos intérpretes em Alberti e Valla, mas que reaflora, às vezes inesperadamente, nas *elegantiae* dos eruditos, nas declamações dos retóricos, assim como no âmbito daquela *pia filosofia* ficiniana que, do ponto de vista teórico, representa seu exato oposto. Podemos dizer que *o* problema do 'Humanismo trágico' pode ser retomado precisamente nestes termos: exprimir com sobriedade elocucional a *verdade* do Logos, corresponder à força do *breviloquio* evangélico com a clareza do desenho e o olhar dirigido à *coisa*. Nesse Humanismo, a língua não está em contradição com o coração («peccant qui dissidium cordis et linguae faciunt», escreve Pico della Mirandola a Ermolao Barbaro), pois a pureza das formas do dizer (que somente o pleno domínio do 'clássico' é capaz de produzir) é função integrante de um programa geral de reforma social, civil e religiosa. Nesse Humanismo, *renovatio* e *reformatio* são indissociáveis: as formas do dizer são chamadas a se renovar para poder exprimir a busca da verdade e o retorno da alma à pureza do Verbum. Conseguir dizer o conflito, o dissídio, a busca, *na ordem* do Logos, sem emocionalismos; poder impor às nostalgias e aos dramas da alma a medida do Verbum – esta, para além de qualquer diferença formal, é a linha que se desdobra entre Masaccio e Piero e que contrasta *metafisicamente* com aquela que se afirmará em autores como Botticelli, Signorelli, Pollaiuolo.

Renovatio: eis, então, o sarcófago *romano* de onde Cristo emerge e o qual domina apoiando o pé sobre ele, *calcando-o* (pose que transmite num único traço toda a profundidade da figura do Ressurreto), sarcófago que não vem 'decorado' por nenhuma 'cena', por nenhum ornamento (compare-se-o, por exemplo, à *Natividade* de Ghirlandaio na Santa Trindade); romano, também, é seu manto: transformação do sudário, como se disse, em 'manto de vitória' rosa intenso (talvez a partir de *Isaías*, 63, 1: «Quem é este que vem de Edom, de Bosra com trajes vermelhos, de vestes magníficas, e avança mostrando a plenitude de sua força?»), uma toga que a mão recolhe e deixa recair em pregas esculpidas em mármore indestrutível.

Reformatio: este, que se revela como Palavra simples e é direto como seu olhar, é o Logos, 'liberado' de todas as suas escolásticas e glosas, no qual se crê, ao qual se é devoto em formas que renovam a fé originária em sua mensagem.

E esse Verbum, que é Cristo, não contrasta com o Logos clássico, pelo contrário, representa sua comprovação, sua *encarnação*.

Mas, se assim for, não terão talvez razão aqueles que veem no Ressurreto de Sansepolcro uma imagem de vitória? As feridas do Crucificado, dizem eles, ainda são bem visíveis, sem dúvida, mas nada mais podem, são apenas lembranças, agora, de uma batalha vencida. Ademais, pode-se chegar a reconhecer que o corpo eucarístico não pode se subtrair ao drama de atravessar o mundo do pecado até tocar seu fundo, pecado cujo 'prêmio' é a morte, e por isso as feridas conservarão atualidade permanente. E no entanto aqui o Cristo, segundo as palavras de Paulo, aparece finalmente «colocado acima de todo princípio e autoridade, de todo poder e dominação e de todo outro nome que se possa enunciar no século presente e no futuro». Pronto para se sentar à direita do Pai, «todas as coisas sujeitou a seus pés» (*Efésios*, 1, 22), a ele pertencem as chaves da morte e do inferno. Que tudo isso se possa ler na imagem de Piero é incontestável. Mas apenas isso? Por que sentimos quase instintivamente a absoluta angústia de tal leitura? Não porque seja falsa, mas porque não rende justiça ao problema, à pergunta que brota da imagem. À força da composição de Piero corresponde a força de sua indagação. Quanto mais se 'crê' nessa imagem, mais ela se transforma para nós em questão, mais nos dá a pensar. E é sempre assim, para uma fé não negligente – exigentíssima, na verdade, como devia ser a de Piero.

Para captar todos os *contra-ditos* em relação ao conteúdo em si evidente da 'história' revelada por Piero, tentemos por um momento 'esquecer' o corpo na aparência plenamente restaurada de Cristo, tentemos não admirar sua solidez, sua quase monumentalidade; detenhamo-nos, em vez disso, em seu rosto, que ocupa o centro daquela rude e áspera paisagem, ou melhor, em seu olhar, cujo 'sentido' se dirige a nós, como se quisesse nos atravessar. E observemos a relação entre esses olhos e as únicas outras figuras, as dos soldados a seus pés (eles também 'bem' dispostos, com ordem e medida: imagem do Sono da qual emerge a imagem do Despertar, da noite que se vai aprofundando no passado para dar lugar à nova luz, mas despida de qualquer teatralidade, sem agitações emotivas – e veremos a razão disso).

Cristo está *sozinho*, sozinho como no deserto, sozinho como no Getsêmani, onde adormecidos a seus pés estavam os discípulos, que deveriam tê-lo apoiado. Sua solidão é 'acompanhada' aqui por esses soldados extenuados, lá pelos discípulos incapazes de velar apenas uma hora que fosse. No horto do Getsêmani, o Filho estava diante do cálice, chamado a *se decidir* a ele, e a angústia o entristecera como a morte, curvado com a face por terra, em lágrimas. Mas aqui terá talvez o rosto 'jubiloso', no sentido em que nos cânticos bizantinos se diz 'jubilosa' a luz da Trindade? Terá seu rosto talvez 'superado' toda tristeza e triunfado sobre todo abandono?

Nenhum 'sacrifício' o aguarda mais? Nesse rosto, sem dúvida, podemos ler lucidez e desencanto. Em seus traços exprime-se a mais completa medida de *liberdade* jamais posta em imagens. De nenhum destino pode tal figura ser escrava; *sponte* respondeu à Voz que a chama; face a face enfrentou sua paixão. Mas igualmente eloquentes são seus lábios cerrados; igualmente profundo em seu olhar é o traço de uma 'espiritual' melancolia. A ressurreição não lhe vale como 'cumprimento', de forma alguma. Ereto, ele parece prestes a enfrentar outro caminho, a suportar outros jugos.

Sou a verdade, diz ele mostrando-se. Este corpo, seu drama, seu sofrimento e agora sua ressurreição: essa é a verdade. *Quid est veritas? Vir qui adest.* Sim – mas essa verdade não é compreendida. «Nele era a vida, e a vida era a luz dos homens, e a luz aparece nas trevas.»

Como traduzir? As trevas não conseguem acolher essa luz? Não conseguem compreendê-la? Não conseguem capturá-la, apoderar-se dela? O *comprehendere* da Vulgata pode assumir todos esses sentidos (à diferença, talvez, do *katalambánein* grego) – e de fato ouvem-se todos eles em conjunto. A luz se manifesta nas trevas. As trevas não podem vencer sua revelação, não têm poder sobre seu princípio. Nem podem impedi-la. Mas tampouco se iluminam à sua vinda, tampouco a acolhem em si e entendem sua vida. As trevas nunca poderão apagar essa figura que ressurge; mas nunca conseguirão corresponder à medida de sua liberdade. Nunca poderão anular a verdade de seu Evento; mas nunca poderão compreendê-la em si.

Primeiro, estava sozinho o Cristo sofredor, aguardando com angústia *sua* paixão; agora, sozinho está o Ressurreto, e em torno dele as figuras dos soldados como que simbolizam a ignorância e a impotência das trevas, que não 'compreendem' sua luz. Um deles não quer ver, cobre os olhos com as mãos. No lado oposto, no canto contrário ao primeiro, outro parece, de fato, quase se virar para a aparição, mas ainda de olhos fechados, com expressão atônita e paralisada: tem olhos e não vê, tem ouvidos e não ouve. Os outros dois, no centro, estão mergulhados num sono profundo. Sonham, talvez? Chegam talvez a sonhar aquela luz, não mais. Essa é a cena que se desenrola aos pés de Cristo, sobre esta terra: adormecidos diante das lágrimas do Getsêmani, adormecidos diante do Ressurreto – herdeiros, talvez, mas radicalmente *népioi*, infantes, isto é, incapazes de proferir *verbum*, de guardá-lo em si, de compreendê-lo, de imitá-lo. O novo drama, então, dispõe-se no seguinte movimento: o Filho apareceu e agora re-aparece, reforça a absoluta verdade de sua vinda. Reaparece após a morte, como testemunho de que se pode vencer o Inimigo. Mas não encontra ninguém a esperá-lo e a 'compreendê-lo'. É certo que tampouco há alguém que possa capturá-lo e mantê-lo prisioneiro dentro do sepulcro. Mas quem 'compreende' o sentido de sua libertação? E no entanto ele veio para que ocorresse tal 'compreensão'. É essa solidão a resposta à mais dramática pergunta do Evangelho: «Quando voltar, o Filho do Homem encontrará fé na terra?», isto é, encontrará aquela vida mesma, aquela luz mesma que Ele é, ou apenas cegos, mudos, adormecidos? Para que seu cansaço, o tormento que lhe custou sua aparição, para que ter atravessado pecado e inferno, ter despedaçado para sempre, no momento supremo do abandono e do *grande grito* na Cruz, todo 'belo' *pleroma* divino, para que tudo isso se agora apenas cegueira e sono acolhem sua *parousía*?

Essa pergunta ressoa no olhar do Ressurreto; mas ele parece se dirigir também a algo que a supera. Por mais repleto de desencanto e amargo conhecimento, aquele olhar ainda se mostra à espera. A quem se dirige? *Para além* de nós, a quem é capaz dele, *capax dei*. E quando aparecerá esse filho? O Ressurreto ignora. Em toda a sua figura exprime-se apenas a força de uma sobre-humana paciência, que exclui qualquer desespero demasiado fácil, qualquer pessimismo retórico. O que ele sabe é que conseguirá se manter em vigília, sentinela até o fim da noite.

E ele sabe, porém, que não sabe se a noite está destinada a findar. É exatamente essa sua última e mais elevada mensagem. Ele sabia que ainda não seria acolhido, e mesmo assim retornou. Não só *decidiu* esvaziar o cálice, mas decidiu também essa nova vinda, de maneira totalmente livre e gratuita. Não aguardava nada em troca. Não esperava ser por fim reconhecido. No entanto apareceu e reapareceu – nas trevas e para as trevas. O termo 'sacrifício' é absolutamente enganoso; aqui se trata do puro *doar-se*, em sua medida mais consciente e livre – livre, pois aqui a doação não corresponde a nenhum cálculo, não tem nenhum efeito em vista.

O ato desse doar é *o im-possível* para a alma humana, para sua invencível *philopsychía*.

E no entanto o Verbo nunca foi pregado com mais força do que nessa figura silenciosa e sozinha. Ela *abre*, por meio de sua pura presença, à ideia do *im-possível* para nós, isto é, da possibilidade extrema de que ocorra, de que haja a capacidade de corresponder à medida de liberdade, de conhecimento e de doação que nele, por uma única vez, se encarnou. Somos como que irreversivelmente atraídos para aquele 'mais além', procurando seguir a direção de seu olhar. Assim, exprime-se nesse ícone da Ressurreição uma autêntica *teologia crucis*. Não só Cruz e Ressurreição não podem ser dissociadas, como acontece quando são concebidas como momentos 'em progressão', em que o segundo momento 'supera' o primeiro ou constitui seu ressarcimento desde sempre assegurado, como também a Ressurreição *cumpre* o sentido da Cruz, torna 'perfeito' aquele *per-doar* que a Cruz representa.

Por isso Maurizio Ciampa teve plena razão em 'intitular' seu livro sobre as imagens da Paixão segundo o *Ressurreto* de Sansepolcro (*Nove croci*, Morcelliana, Brescia, 1997)! É aqui em Sansepolcro que a Paixão recebe sua verdadeira imagem! Ela não poderia se realizar sem Seu retorno. Ele deve ressurgir do fundo do sepulcro para provar todo o peso de não ser acolhido, de não poder ser compreendido. Esse outro itinerário faltava à via que leva à Cruz: ser testemunha, mártir *para ninguém*. E mostrar que consegue suportá-lo, consegue insistir, apesar disso, no ato de doar, revelando seu perfeito sentido de liberdade e gratuidade. Esse é o sentido de seu *estar*. Seu sacrifício e suas feridas *estão*; mas são verdadeira tragédia, não desespero. A tragédia está além do esperar e desesperar. Naquele olhar, no mesmo instante, exprime-se a mais alta exigência – chamar todos os homens ao *im-possível* de que Ele é capaz – e, ao mesmo tempo, exprime-se a força da mais paciente espera pelo evento desse mesmo *im-possível*. Essa figura decidiu livremente manter aberto o espaço de tal interrogação e, portanto, decidiu ser-para-o--outro mesmo que o outro nunca chegue a vir. Imitai-a (*imitativo Christi*), parece Piero dizer – «ne simus homines», acrescentaremos com Agostinho. Imitai, vós *népioi*, aquilo que aqui compreendeis *não* conseguir 'compreender'. Este último *skándalon* é o que nos impõe a imensa obra de Piero.

O RETRATO DOS ARNOLFINI

Que ninguém ouse duvidar da *verdade* deste ícone: «Johannes de Eyck fuit hic 1434», o maior pintor de Flandres é testemunha disso. A extraordinária potência de sua *téchne*, que se mostrava prodigiosa tanto para os cavaleiros do outono medieval da corte de Borgonha quanto para os doutos humanistas e os banqueiros e mercadores da Toscana, não 'faz' simplesmente, mas desvela, manifesta o real, arranca a cortina que o encobria. A seu olhar nada resiste, nenhum ente está demasiado longe, nada é demasiado minúsculo que não possa ser trazido à luz. Vibrações imperceptíveis de seu pincel e de seus pigmentos desencavam todos os detalhes e tudo colocam *sub specie aeternitatis*. A 'miséria' de nossos olhos é como que abolida: perto e longe, luz e sombra, a cintilação de uma pérola e a ampla superfície de um manto se correspondem e ressoam juntas. Basta a pupila do decrépito canônico Georgius de Pala para refletir a Virgem no trono, *speciosor sole*, pureza da Luz eterna, no grande quadro de Bruges. Todo átomo de matéria pode ser 'bom' para servir de espelho de um mundo. Todo ente se eleva à potência de *speculum sine macula*. Tudo fulgura com o brilho da pedra preciosa, quando perfeitamente lapidada.

E assim, como participante de pleno direito da luz de tal mundo, quis o mercador de Lucca, Giovanni Arnolfini, ser retratado ao lado da esposa Giovanna, Cenami. O mercador soubera bem navegar, antevendo as coisas futuras e, ao que antevia, tomando precauções (para usar as palavras da famosa carta de Marsilio Ficino a Giovanni Rucellai), e agora finalmente, para dar testemunho eterno de sua prudência, paciência, magnanimidade, de sua *virtus*, de sua merecida paz, ele chamava o mais alto pintor. O mercador pedia, em verdade, seu *ícone*, a imagem de seu rosto verdadeiro, para além das máscaras da vida aparente e do trabalho necessário para se adaptar a seus acasos. Bem o sabe o mercador – mas agora é o fundamento de sua própria existência que ele quer que se exprima, aquela razão de ser que a torna exemplar e como que insuperável.

O pintor devia revelar *sub metaphoris corporalium*

a força do espírito que soubera alcançar aquele equilíbrio, construir aquela morada, medir com tanto cuidado seu espaço, merecer aquela *boa fortuna*. E, assim como os santos nos 'velhos' ícones estão em Lugar-Nenhum, envolvidos por uma luz escatológica, essa nova figura de uma nova santidade devia aparecer no mais sacro de seus lugares, em seu próprio templo, na casa, ou melhor, no aposento onde ele, sozinho com a esposa, celebra os ritos mais secretos e necessários. É para ali que ele convida o pintor junto com outra testemunha, cuja figura se entrevê no espelho convexo pendurado na parede.

Eis o *evento*: um solene gesto de *confirmação*, um juramento sagrado e inviolável. Giovanni ergue a mão direita (*fides levata*) e com a outra segura e mostra a mão da mulher que a ele se confia. Vemos sua palma puríssima, que nada esconde, *que nada possui*. Com a outra mão, Giovanna 'protege' seu ventre, promessa de vida. O ritmo desenhado por essas mãos permeia toda a obra: da mão erguida, ereta, em perfil, ao etéreo encontro das duas palmas, 'sobe-se' de novo ao dorso afunilado da mão esquerda de Giovanna; eis a 'progressão': pronunciamento da promessa – bênção – seu ouvir – por fim seu proteger no ventre da mulher.

Giovanni jura sua fidelidade e a mulher, *anima nuda*, crê plenamente nela. Giovanni não tem o coração dividido, não é homem de duas mentes. Tem fé, é fiel e por isso será *estável* (*Isaías*, 7, 9). Erguido sobre o *fundamentum inconcussum*, certifica e afiança sua fé. A mulher se lhe confia pois ele está, ontologicamente, firme sobre sua fé. Como poderia ela crer em quem tivesse o coração inquieto? Como crer em quem poderia sempre cair nos pecados do desespero ou da apatia? Giovanni é imagem da fé; este é o 'espiritual' que sua aparência significa. E fé é fundamento da esperança. A mulher é quem espera porque se sustenta sobre a fé em quem é plenamente fiel. A relação entre as duas figuras, portanto, exprime *sub metaphoris corporalium* as núpcias entre Fé e Esperança.

É dessas núpcias que se trata, diz-nos cada *verbum* da obra. Uma única vela acesa: o *lumen* do Filho que o *candelabrum* da Virgem porta («ipsa enim est candelabrum; Christus, Mariae filius, est candela accensa»). Assim como a luz do dia que entra pela janela ilumina a aparência do evento, a luz da vela, que sempre arde e tudo vê, manifesta seu sentido interior: este homem é autêntica certeza de fé e aquela mulher é verdadeira esperança. Por isso suas figuras podem ser acolhidas no *speculum sine macula* posto na parede a suas costas, *speculum humanae salvationis*, em torno do qual giram as imagens dos momentos da Paixão. Espelho que não mente, espelho de puro cristal, de perfeita transparência, de que são feitos os vasos e jarros que tantas vezes acompanham os ícones de Maria: assim como a luz atravessa o vidro sem o quebrar, Maria deu luz ao mundo.

Nenhum signo está 'sozinho'. Nenhum 'joga' por si só. Pois quem tem fé nunca está só e tudo o que toca ou olha assume valor de símbolo. Aqueles frutos inteiros e maduros no peitoril são *gaudia paradisii*, antes da mordida fatal. Os calçados ali deixados lembram que este lugar é terra santa (*Êxodo*, 3, 5). Nada que seja profano ou, melhor, nada de profano que não se transfigure no 'colar' de relações e na luz que as revela. O retrato do mercador toscano, 'convertido' pela *devotio moderna*, eleva-se a simbólica dignidade e, ao mesmo tempo, o símbolo se encarna. Nada mais de contingente, de ocasional. Todo ente é 'salvo' – e por isso é 'belo', no sentido etimológico do *kalón* grego. Meu mundo, este mundo – diz o mercado, testemunha o Mestre – não está condenado a morrer. É *meditativo vitae*.

Mas é próprio das obras *extremas*, como esta, que obriguem a uma interrogação que as ultrapassa. Pois, quando uma obra 'realiza' um mundo, é necessário que mostre também seu limite. A fé do homem consistirá de fato apenas no Amém que sua mão erguida pronuncia, e a aliança com a mulher, aqui celebrada, de fato resolveu em si a inquietação dos anos do êxodo? Suspendamos por um momento a busca dos 'significados' da obra e 'lembremos' a primeira, claríssima, incisiva impressão que tivéramos: aqui, no sacro recinto do quarto nupcial, concentra-se uma infinita distância.

O olhar do homem: o que sabe ele da presença da mulher? Apenas imperceptivelmente a cabeça 'se dobra' para o lado de Giovanna. E Giovanna, por sua vez, apenas *roça* com seu olhar a figura do homem, mas também, ao mesmo tempo, parece se retrair a ele, como a Virgem de tantas Anunciações perante o Anjo. Uma distância que *não* é transposta une essas figuras. *Modéstia* de ambas? Querem ambas obedecer apenas à própria *forma*, à sua medida e a seus limites? *Mo Modéstia* apenas? Qualquer dissonância é de fato tão estranha à cena? Sem dúvida, a mais perfeita *solius mentis inspectio* pode ter imaginado a forma da cabeça de Giovanni (como acontecerá com os rostos e o chapéu de Piero), mas, se observarmos separadamente a parte superior e a parte inferior do rosto, somos assaltados por uma grande dúvida: seu olhar se mostra duro, impenetrável, *apathés*, enquanto os lábios juvenis parecem animados por um levíssimo sorriso. No olhar, ele já *consumou* tudo, tudo pode observar com distanciamento e desencanto: éthos da renúncia, melancolia viril. Nos lábios, pelo contrário, uma sombra de sorriso se move para a esperança da mulher. Mesmo os Anjos da Anunciação às vezes mostram essa *facies*.

E Giovanna poderá então confiar-se serenamente a tal Anjo? Ela não tem duplicidade no rosto: o mesmo sorriso dos lábios aviva a modéstia do olhar. Gostaria de perguntar, talvez – mas a mão em juramento do homem é a mesma que lhe *impõe silêncio*. A mão erguida de Arnolfini e a boca de sua esposa são equidistantes do centro do espelho, que reflete e concentra a cena em si. O colóquio de ambos se protege no mais firme silêncio; a relação entre eles, na mais insuperável distância. Que os lábios se mantenham *selados* – este é o autêntico selo, o sigilo das núpcias. A boca selada, o olhar que não encontra o outro, os olhos voltados para um invisível. Não-lugar (e como poderia ser de outra maneira, pois é do Invisível que fala a fé?): a tudo isso deve confiar-se a Esperança – *quia mitis est*. Humilde, deverá obedecer ao jugo dessa severa e dura certeza de fé, entremeada de renúncia e silêncio. Será leve seu jugo?

Falta uma palavra para que se possa crer. Falta *a* Palavra. Fé e Esperança aqui aparecem *sozinhas*. E por isso distantes, inexoravelmente distantes, mesmo na ordem comum de seu lugar. Onde se manifesta, como se exprime isso que é mais do que elas, isso sem o que elas não são nada? Onde, no recinto sagrado do mercador, paira Ágape, Caritas? É esta sua "estância" ou não será aqui que se mede toda a sua *di-stância*? Talvez apenas na palma vazia da mulher, talvez apenas através das imperceptíveis dissonâncias que a "grande forma" desta obra oculta re-velando, poderemos intuir seus vestígios.

Ou talvez devamos dizer: precisamente aqui, onde o símbolo quer se encarnar à perfeição, onde significado e aparência querem chegar a "justas núpcias", precisamente aqui Ágape deve se transformar em ideia inapreensível. *Spiritualia sub metaphoris corporalium*, dissemos nós – mas qual pode ser a metáfora de Ágape? Como "encerrar" Ágape numa imagem? Ágape não se resolverá na réstia de luz que tudo anima e não aparece verdadeiramente em ponto nenhum? O mercador Arnolfini podia compreendê-lo? Podia ou poderá algum dia compreendê-lo qualquer *téchne* – mesmo a dos antigos Mestres? Estes não têm igual no representar, no manifestar, no *produzir*. Nisso consiste sua arte. E o mercador Giovanni Arnolfini queria "imitá-la". A *téchne* de Johannes von Eyck de tudo pode ser desvelamento, tudo pode ela *aletheúein*, tudo poderá ela levar à luz. Mas não Ágape. Esperança e Fé são representáveis. Mas Ágape participa de suas núpcias na forma da ausência.

O metro de uma gélida paixão domina a cena. Daqui pode ter início somente um *amor intellectualis*, uma caridade *more geometrico demonstrata*, em suma, uma *Ethica*. Assim *se edifica* no coração e na mente dos mercadores da Toscana a *devotio moderna* dos flamengos. E todo "seráfico ardor" se retira – *in interiore mulieris*, talvez, na *ou-topía* do sorriso de Giovanna, no vazio da palma de sua mão.

PRE·TEXTOS | kutchak

001. MASSIMO CACCIARI
Duplo retrato

002. MASSIMO CACCIARI
Três ícones

003. GIORGIO AGAMBEN
A Igreja e o Reino

004. A. I. DAVIDSON | E. LEVINAS | R. MUSIL
Reflexões sobre o nacional-socialismo

005. MASSIMO CACCIARI
O poder que freia

EDITORA ÂYINÉ

Praça Carlos Chagas, 49 2° andar
CEP 30170-140 Belo Horizonte
+55 (31) 32914164

www.ayine.com.br
info@ayine.com.br

DIRETOR EDITORIAL
Pedro Fonseca

COORDENAÇÃO EDITORIAL
André Bezamat

CONSELHEIRO EDITORIAL
Simone Cristoforetti

PRODUÇÃO EDITORIAL
Fabio Saldanha

PRODUÇÃO DE CONTEÚDO
Bruna Wagner

PROGETO GRÁFICO
Evelin Bignotti

TÍTULO ORIGINAL:

TRE ICONE

©Massimo Caciari
© 2007 Adelphi Edizioni S.P.A. Milano
Publicado mediante acordo com Ute Körner Literary Agent, Barcelona
www.uklitag.com
© 2016 EDITORA ÂYINÉ L.T.D.A.

Nesta edição, respeitou-se o novo Acordo Ortográfico da Língua
Portuguesa.

ISBN 978-85-92649-14-2

fontes: **Gentium Basic | Calibri**
papel: **Arcoprint Milk 100 gr.**
impressão: **Grafiche Veneziane**